Des Fruits Délicieux

pour un VENTRE HEUREUX

Par Jeanne Fortune et les Monties

Traduit par Christophe Jamot et Aurélie Jamot

Illustré par Venura Bertholomeusz

Recettes éditées par : Barke Editing Services Ltd

Recettes validées par : Susan Colavito, MS RD LDN diététicienne

Illustrateur : Venura Bertholomeusz

Conception graphique : Bryony van der Merwe

Traducteurs : Christophe Jamot et Aurélie Jamot

Copyright © 2024 Jeanne Fortune

Publié par 5Ms Publishing

Avertissement : L'éditeur et les auteurs excluent toute responsabilité et garantie en ce qui concerne le livre et son contenu. L'éditeur et les auteurs déclinent toute responsabilité : pour toute inexactitude, imprécision ou incohérence. Le contenu de ce livre ne sert qu'à des fins d'information. Il n'a pas pour but de traiter, de guérir ou de prévenir un quelconque état ou une quelconque maladie. Il ne remplace pas la consultation d'un médecin ou d'un nutritionniste. Tout usage de ce livre vaut acceptation de la clause de non-responsabilité.

Allergènes alimentaires : ce livre mentionne des aliments identifiés comme importants allergènes alimentaires. Veuillez ne pas consommer les ingrédients mentionnés ci-dessous si vous êtes allergique. La U.S. Food and Drug Administration identifie certains aliments comme allergènes, notamment les arachides, les noix, le soja, le sésame, le lait, les œufs, le poisson, le blé, les crustacés et certains fruits. Pour en savoir plus, consultez le site www.fda.gov/food/food-labeling-nutrition/food-allergies.

5Ms Publishing
Palm Beach, FL

www.fivemspublishing.com

ISBN: 978-1-957072-25-8 (Livre de poche)
ISBN: 978-1-957072-26-5 (Livre électronique)

Imprimé aux États-Unis d'Amérique

Ce livre est disponible en :

Anglais

Yummy Fruits
for a Happy Tummy

Espagnol

Deliciosas Frutas
para una Barriguita Feliz

Créole Haïtien

Fwi Apetisan
pou bay Vant Kontantman

Recette éditée par

Remerciements

Un grand merci à Natacha A., Eve O., Emmanuel J., Ambel S., Eliana C., oncle Harry, Chakira M. et à notre papa (mon mari) pour leur soutien et pour avoir testé nos recettes.

Ce livre appartient à

_____

Table des matières

Jus et Glaces à l'Eau

Sandwichs et Toasts

Suite des Recettes

Milk-Shakes et Smoothies

Plats de Petit Déjeuner

Lève la main si tu aimes
LES COLLATIONS !

Sais-tu ce qu'est une collation ?

Une collation est une petite portion de nourriture que l'on mange entre les repas. On aime tous les collations mais savais-tu qu'elles peuvent être à la fois délicieuses et bonnes pour la santé ?

Introduction

Cher(e) _____,

C'est un plaisir de te rencontrer. Nous sommes la famille des fruits et nous venons du monde entier. Nous sommes la partie comestible de la plante. Nous poussons sur des arbres, des arbustes ou encore des vignes. Contrairement aux légumes, nous ne sommes ni des racines, ni des feuilles, ni des tiges.

Tu peux nous manger crus. Il n'est pas nécessaire de nous faire cuire comme les céréales ou certaines protéines.

Dans notre famille, il y a aussi des aliments étonnants comme l'avocat ou la tomate. Ils sont issus de la transformation d'une fleur et contiennent une ou plusieurs graines. Ils se rapprochent des légumes et peuvent être consommés dans des plats salés comme les salades.

Les fruits peuvent être acides, sucrés, juteux, mous, fermes, acidulés, amers, granuleux ou crémeux. Nos couleurs varient : nous pouvons être jaunes, verts, rouges, violets, oranges, blancs et parfois marrons. Nous formons un bel arc-en-ciel. Les professionnels de la santé recommandent une alimentation aux couleurs variées car chaque couleur contient des substances qui aident à combattre les maladies. Manger une variété de fruits colorés est un moyen délicieux et facile de donner à ton corps les nutriments dont il a besoin pour grandir et rester en bonne santé.

On espère que tu te rappelleras de nous lors de ta prochaine collation. Nous sommes délicieux et nous avons de nombreux bienfaits. Les vitamines, minéraux, antioxydants et autres nutriments que nous contenons renforcent ton système immunitaire et t'aident à combattre les microbes. On sert à protéger tes yeux, tes cellules, ton cœur, ta peau, tes intestins, ton sang et ta mémoire. On t'aide à rester en bonne santé, hydraté et heureux afin que tu passes plus de temps à t'amuser et moins de temps à te sentir malade.

Lave-toi toujours les mains avant de cuisiner et fais toujours ça en présence d'un adulte. N'utilise jamais un couteau ou un four sans permission.

Tes amis,

Bienfaits

Favorise la santé des yeux : fruits jaunes et verts

Favorise la santé de la peau : fruits jaunes

Renforce le système immunitaire : fruits jaunes, fruits verts et fruits blancs

Renforce le système osseux : fruits jaunes

Renforce le système cardiovasculaire : fruits jaunes, fruits violets et bleus, fruits rouges, fruits verts et fruits blancs

Contribue au bon fonctionnement du système nerveux : fruits jaunes

Réduit le risque de certaines maladies : fruits violets et bleus, fruits rouges, fruits verts et fruits blancs

Améliore la mémoire : fruits violets et bleus, fruits rouges

Permet de bien vieillir : fruits violets et bleus

Favorise la santé du système urinaire : fruits violets et bleus

Favorise une digestion saine : fruits violets et bleus, fruits verts

Réduit le risque de maladies congénitales : fruits verts

Maintient l'hydratation : tous les fruits

Avertissement

Allergènes alimentaires : ce livre contient des aliments identifiés comme importants allergènes alimentaires par la FDA. Merci de ne pas consommer les ingrédients énumérés ici si tu as des allergies.

Les recettes ci-dessous ont été élaborées à partir de fruits bio quand ceux-ci sont disponibles. Un blender professionnel a été utilisé pour beaucoup de ces recettes.

Lave-toi toujours les mains avant de cuisiner et fais toujours ça en présence d'un adulte. N'utilise jamais un couteau ou un four sans permission.

LA FAMILLE DES FRUITS

Le livre de coloriage est accompagné d'un livre illustré présentant chaque fruit et ses bienfaits pour permettre aux enfants de mieux connaître leurs nouveaux amis les fruits

Melon

Salut, mon ami, moi c'est **Melon**. Ma peau est dure mais ma chair est douce, sucrée et juteuse. Mon passe-temps préféré ? Me prélasser, en tranches, aux côtés de **Melon miel**.

Je suis plus savoureux l'été mais tu peux également me déguster à d'autres moments de l'année.

Ma teneur élevée en eau te permet de rester hydraté. Je suis également une bonne source de vitamine A. Elle aide à garder tes yeux en bonne santé. Tu peux me manger seul ou m'ajouter à ta salade de fruits préférée.

Pêche

Je m'appelle **Pêche**. Ma robe jaune-orangé teintée de rouge est semblable au soleil couchant. Ma chair est ferme, légèrement souple et ma peau est duveteuse ou lisse.

L'été est la pleine saison. Tu vas m'adorer car je suis rafraichissante. Quand je suis mûre, je suis à la fois sucrée et juteuse. Je contiens de nombreuses vitamines et minéraux dont le potassium, utile pour réguler ton rythme cardiaque.

Nectarine

Je suis **Nectarine.** Tu viens de faire la connaissance de ma cousine : **Pêche.** On se ressemble tellement qu'on nous prend parfois pour des jumelles. Pêche a une peau douce et duveteuse tandis que la mienne est brillante et toute lisse. Je serais originaire de Chine mais aujourd'hui, on me trouve dans de nombreuses parties du monde.

Tu peux me déguster quand ma chair est légèrement souple, ni trop dure, ni trop molle. Je contiens des fibres, des antioxydants et de la vitamine C. Celle-ci permet à ton corps d'absorber le fer.

Abricot

Permets-moi de me présenter. Je m'appelle Abricot et je suis originaire d'Asie mais j'ai l'air très différent dans les Caraïbes. Je suis de la même famille que **Pêche**, que tu as déjà rencontrée.

Je peux être à la fois sucré et acidulé. Tu peux me déguster seul ou me couper en tranches et m'ajouter à ton smoothie.

Je contiens de nombreux antioxydants, y compris des vitamines et des fibres. Je contribue à la santé de ton cœur, de tes intestins et de ta peau.

Mangue

Je suis **Mangue.** On me cultive partout dans le monde et je porte différents noms. Par exemple, en Haïti, il y a une multitude de variétés de mangues. La plus populaire est la **Mangue Francisque.** Elle est grande, plate et en forme de rein. Lorsqu'elle est mûre, sa chair est jaune, juteuse et très sucrée.

Contrairement à d'autres fruits, ma peau est trop dure pour être mangée crue. Cependant, on peut me faire bouillir pour faire un délicieux sirop. Tu peux me déguster seule ou me couper en tranches et m'ajouter à ta salade de fruits. Mon goût sucré est particulièrement apprécié dans les smoothies.

Je pousse de l'été jusqu'au début de l'automne. Je suis riche en vitamines et antioxydants donc je suis bonne pour la digestion et pour la vue.

Jaune et Orange

Abricot des Antilles

Je ne crois pas que nous nous soyons déjà rencontrés. Je suis **Abricot des Antilles.** Comme mon nom l'indique, je viens des Antilles et des Caraïbes. Par contre, je suis beaucoup plus grand **qu'Abricot.** Je suis de la taille d'un mini ballon de foot et presque aussi grand qu'un melon. En Haïti, on m'appelle **Abriko.**

Je suis croquant ou juteux, cela dépend si je suis mûr. J'ai une peau dure et composée de plusieurs couches. La première couche est épaisse et se décolle facilement quand je suis mûr. La deuxième couche est légère et fine. Coupe-moi en tranches et savoure-moi à l'heure du goûter.

Tu me trouveras en été et en automne.

Je contiens une bonne quantité de fer, c'est bon pour ton sang.

Kaki

Je m'appelle **Beau Kak**i mais tu peux m'appeler **Kaki.** Je suis originaire d'Asie de l'Est mais on me trouve dans de nombreux pays. Cela peut prendre cinq ans avant que mon arbre ne donne ses premiers fruits, puis il continue à produire des fruits pendant 10 ans ou plus selon le climat.

Quand je ne suis pas mûr, je suis croquant comme une pomme. Quand je suis mûr, je suis doux, sucré et ferme.

En général, je suis disponible en automne et en hiver.

J'ai une teneur élevée en fibres et en vitamines A et C. Je suis riche en antioxydants. Ils réduisent les risques de maladies comme le cancer et les accidents vasculaires cérébraux.

Papaye

On s'est déjà rencontrés ? Mes amis m'appe lent **Papaye.** J'ai la forme d'un grand ovale ou d'un ballon trop gonflé. Quand je suis mûre, ma peau est jaune. Je suis douce et sucrée.

Tu peux me couper en tranches pour me manger ou me mettre dans le blender pour faire un milk-shake délicieux.

Je pousse toute l'année mais il est plus facile de me croiser en été et en automne.

Je contiens beaucoup d'eau et de fibres, pour faciliter la digestion. J'ai également des niveaux élevés de vitamines et d'antioxydants. Ils aident à protéger ton cœur et ta vue.

Pamplemousse*

Mon nom est pamplemousse et signifierait gros citron. J'ignore pourquoi on m'appelle ainsi car je n'ai rien d'un citron ! Je ressemble à **Orange** mais en beaucoup plus grand. Je peux être sucré ou acidulé et amer. Je suis aussi croquant et juteux. À l'intérieur, je suis rouge, rose, blanc ou jaune. Tu peux me manger seul ou me presser pour boire mon jus.

Je suis disponible toute l'année, selon l'endroit où tu vis.

Je suis riche en vitamine C. Elle aide ton corps à combattre les virus qui te rendent malade.

Jaune et Orange

Orange*

Orange, c'est moi ! Mon ami **Pamplemousse** t'a probablement parlé de notre ressemblance, même si je suis beaucoup plus petite que lui. En général, je suis de la taille d'une balle de baseball. Mes couleurs varient du jaune au rouge en passant par l'orange. Je peux être sucrée ou acide. Je suis juteuse. Tu peux me manger ou me presser si tu veux du jus frais.

Je suis disponible toute l'année mais surtout en hiver.

Je suis riche en vitamine C, en fibres et en potassium, pour protéger ton cœur.

Mandarine*

À l'origine, mon nom était Orange Mandarine mais aujourd'hui, on m'appelle simplement **Mandarine.** Je peux être ferme ou douce. Mes couleurs sont le jaune, le rouge ou l'orange. Je suis de la même famille **qu'Orange,** mais beaucoup plus petite. Je suis juteuse et sucrée. Épluche-moi avant de me manger, un quartier à la fois.

En général, je suis disponible entre l'automne et le printemps.

Je contiens du bêta-carotène. J'aide ton système immunitaire et tes yeux à rester en bonne santé. Je suis également riche en vitamine C. Elle sert à combattre les virus qui te rendent malade.

Ananas

Appelle-moi **Ananas Tropical.** Mon écorce est faite d'écailles et ne se mange pas. J'ai une coiffe verte que certains appellent une couronne. Je suis mûr quand ma peau devient jaune. Je peux être sucré et acidulé. Après avoir retiré ma couronne et mon écorce, coupe-moi en rondelles ou en carrés. Mets-moi dans le blender pour faire un smoothie savoureux.

Je suis plus sucrée au printemps et en été. Je contiens des enzymes. Ils aident à réduire les gonflements et la douleur.

Citron

Appelle-moi **Citron Acide.** Je suis généralement trop acide. Si tu me manges seul, tu risques de grimacer ! Au Kenya, les citrons sont verts et on les appelle **Ndimu,** ce qui signifie acide en swahili. **Citron vert** est mon meilleur ami, la seule différence c'est que moi je suis jaune.

Mon jus sert à faire de la limonade. Tu peux me trouver toute l'année selon l'endroit où tu vis.

Je contiens beaucoup de vitamine C. Elle t'aide à aller mieux plus vite quand tu es malade.

Fruit de la passion

On s'est déjà rencontrés ? Je suis **Fruit de la Passion.** Je suis originaire d'Amérique du Sud. Ma peau est parfois ferme ou ridée. J'ai une consistance visqueuse. Si je suis très ridée, c'est le signe que je m'assèche. Je peux être sucré ou acide. Mixe ma pulpe et mes graines avant de filtrer pour obtenir un excellent jus.

Je suis disponible toute l'année.

Je contiens une bonne quantité de vitamines, de fibres et d'antioxydants. Ils t'aident à préserver la santé de tes yeux et de ton système digestif.

Vert

Poire*

Moi c'est **Poire.** D'habitude, je suis verte, jaune, dorée, marron et parfois rouge. En général, je suis ferme. Je peux être acidulée, sucrée, croquante ou crémeuse. J'aime bien passer du temps avec **Pomme.** J'aime me retrouver en compagnie d'autres fruits dans des smoothies ou être croquée seule.

J'ai pas mal de fibres. Celles-ci t'aideront à te sentir rassasié et à avoir une bonne digestion.

Melon miel

Coucou ! Je m'appelle **Melon miel.** Je crois que tu as déjà rencontré mon ami **Melon.** Quand je suis mûr, je suis doux et juteux avec une saveur sucrée. Coupe-moi en tranches et place-moi dans une assiette à côté de **Melon** pour une collation saine.

Je suis disponible toute l'année mais j'ai meilleur goût pendant l'été et l'automne.

Je contiens beaucoup d'eau et de vitamine C pour te permettre de rester hydraté et en bonne santé.

Citron vert

Je suis Citron vert et j'ai du caractère ! Je suis vert et plus petit que **Citron** mais aussi plus acide, ce qui me rend aigre. Tu ne peux pas me manger mais je peux être pressé pour faire de la limonade fraîche. Mon jus peut agrémenter des tacos et d'autres plats salés.

Je suis disponible toute l'année, en fonction de ta région.

Je contiens des antioxydants capables de te protéger de certaines maladies.

Avocat

Tu es probablement surpris de me trouver ici mais je vais quand même me présenter. Je m'appelle **Avocat.** Je suis vert foncé à l'extérieur et vert clair à l'intérieur. Je suis crémeux et onctueux quand je suis mûr. Je contiens des matières grasses saines. Coupe-moi en tranches ou tartine-moi sur ton toast au blé complet préféré. J'ajoute également de la saveur à ta salade ou à ta quesadilla préférée. Tu peux me manger avec presque n'importe quel aliment salé.

Je suis généralement disponible toute l'année et ma haute saison dépendra de l'endroit où tu vis.

J'ai beaucoup de graisses saines et de vitamine E, ce qui aide ta mémoire. J'ai également de nombreux bienfaits pour ton cœur.

Violet et Bleu

Raisins*

Salut ! Nous sommes **Raisins.** On nous trouve en grappes et dans différentes couleurs : verts, rouges, violets, noirs, roses ou même jaunes. On peut être fermes, croquants, juteux et sucrés. Certains d'entre nous ont des pépins et d'autres non.

On aime être ajoutés aux salades de fruits.

Nous sommes riches en vitamine K. Elle t'aide à garder tes os et ton sang en bonne santé.

Mûre

On m'appelle **Mûre** sauvage. Comme **Framboise,** je suis une baie composée de petites boules appelées drupéoles. Chacune contient une graine et est recouverte de chair. Si je suis rouge, je ne suis pas mûre mais quand je suis mûre, je suis violet foncé. Mes meilleures amies sont **Framboise, Myrtille** et **Fraise.** Je suis juteuse et je peux être sucrée ou acidulée.

Tu peux me manger seule ou m'ajouter à ton smoothie. J'aime aussi passer du temps dans les céréales et le yaourt. J'ajoute de la saveur et de la couleur au muesli et au porridge.

Selon où tu vis, j'ai généralement meilleur goût en été ou à l'automne.

Je suis riche en fibres et en vitamines C et E. Elles sont bonnes pour ton cœur.

Myrtille

Les gens m'appellent **Myrtille** ou parfois bleuet en raison de ma couleur. Je suis ferme et lisse. Je peux être sucrée ou légèrement acide. J'aime me promener avec les autres fruits des bois : **Framboise, Mûre** et **Fraise.**

Tu peux me manger seule ou accompagnée de pancakes au blé complet, de muesli, de porridge, de yaourt ou de céréales. J'aime qu'on m'ajoute aux smoothies.

Je suis disponible toute l'année dans différentes régions. Je suis riche en vitamine K. Elle aide à garder tes os, ton sang et ton cœur en bonne santé.

Prunes

On m'appelle **Prune.** Je suis douce, sucrée et juteuse quand je suis mûre. À l'intérieur, je suis jaune ou rouge. Une fois mûre, tu pourras me manger seule. Emporte-moi dans ton cartable pour avoir une collation fraîche à ta disposition.

Je suis disponible toute l'année mais je pousse surtout pendant l'été.

Les vitamines, minéraux et antioxydants que je contiens t'aideront à développer des muscles et des vaisseaux sanguins et à améliorer ta vue.

Pomme*

Je commence. Moi c'est P**omme,** le cœur de notre famille. Je suis parfois rouge, verte, dorée ou rose. J'ai une texture ferme. J'ai une multitude de noms comme Golden ou **Pink Lady.** Tu peux me réduire en compote ou me couper en tranches et m'accompagner de beurre de cacahuètes pour une collation saine après l'école.

On me trouve toute l'année. Selon la saison, je peux être croquante, sucrée, acidulée ou juteuse.

Ma teneur élevée en fibres et en antioxydants réduit le risque de développer des maladies, notamment cardiovasculaires.

Cerises

Tu peux nous appeler **Cerises.** Nos tailles et nos couleurs varient : rouge vif, violet et parfois jaune. Nous sommes plus d'un millier de variétés. Il faut nous manger quand nous sommes fermes.

Certaines d'entre nous sont sucrées et juteuses, d'autres sont acides. Celles qui sont sucrées peuvent être dénoyautées et mangées seules. Celles qui sont acides servent à faire des clafoutis ou des confitures. Tu peux aussi nous mettre dans des bocaux pour faire des cerises au sirop. Quel délice de nous tartiner sur un toast au blé complet. Tu peux nous mettre dans le blender avant de filtrer notre jus.

Nous sommes disponibles en été et en automne mais tu peux nous déguster toute l'année dans différentes parties du monde.

Nous sommes riches en vitamine C. Elle aide à stimuler ton système immunitaire pour que tu tombes moins souvent malade.

Canneberge

Permets-moi de me présenter : je m'appelle **Canneberge.** Je pousse dans des zones humides appelées tourbières. Tu n'aimeras sûrement pas me manger seule car je suis très acide.

Comme **Cerise,** tu peux me mixer et filtrer mon jus ou m'utiliser pour faire une tarte. Je suis aussi servie en sauce pour Thanksgiving.

En général, je suis prête à être récoltée en automne.

Je suis riche en antioxydants et en vitamine E. Je suis réputée pour maintenir ton système urinaire en bonne santé donc avec moi plus de problèmes quand tu iras faire pipi !

Grenade

On se connait ? Je suis la reine **Grenade.** Tu aimes ma belle couronne ? Je suis composée de graines rouge vif appelées **arilles.** Je peux faire la taille d'une balle de baseball.

Je suis croquante, juteuse, sucrée et acidulée. Pour me manger, il faut mâcher mes graines pour libérer mon jus. Tu peux ensuite recracher mes pépins ou les avaler. Tu peux également mixer mes graines et filtrer mon jus ou le mélanger à un autre jus comme celui d'orange.

Je suis surtout disponible en automne.

Je suis riche en antioxydants et je joue un rôle dans la protection de tes cellules et la prévention de certaines maladies.

Framboise

Je suis **Framboise veloutée.** Je suis une baie composée de petites boules appelées drupéoles. Chacune contient une graine et est recouverte de chair. Je ressemble à **Mûre** mais en plus délicate. La plupart du temps, j'aime me promener en compagnie des autres fruits des bois : **Mûre, Myrtille** et **Fraise.**

Je suis sucrée et acide. Tu peux me manger seule ou m'ajouter à tes céréales, tes pancakes au blé complet, tes yaourts et tes smoothies. J'ajoute de la saveur et de la couleur à ton muesli ou ton porridge.

Je regorge de fibres, pour assurer la santé de tes intestins. Je suis également riche en vitamine C, réputée pour réduire la durée des rhumes.

Fraise

Hé, toi ! Moi c'est **Fraise.** Tu as probablement déjà rencontré mes amis **Framboise, Mûre** et **Myrtille.** En général, je suis ferme et sucrée. Si je deviens trop molle, plonge-moi dans un bol d'eau glacée pendant quelques minutes. Pour une collation délicieuse, sers-moi avec de la crème chantilly.

J'aime être servie dans les céréales, le muesli ou le porridge, du yaourt ou des pancakes au blé complet. Ajoute-moi à ton smoothie pour le colorer et le parfumer.

Je suis riche en vitamine C. Je contiens d'autres antioxydants qui sont bons pour ton système immunitaire.

Fruit du Dragon*

Je ne sais pas pourquoi on m'appelle **Fruit du Dragon.** À vrai dire, je ne ressemble pas du tout à un dragon. Mon autre nom est Pitaya. Je peux être rouge ou jaune. Je suis assez populaire en Amérique centrale et en Amérique du Sud mais tu pourras me trouver dans de nombreuses régions du monde.

Je suis rempli de chair blanche ou rouge et de minuscules graines noires. Je suis croquant et sucré.

Je suis riche en antioxydants, fibres et prébiotiques. Ils nourrissent les bonnes bactéries de la flore intestinale.

Pastèque

Appelle-moi **Pastèque**. Tu as déjà rencontré mes amis **Melon** et **Melon miel.**

Je contiens plus de 90 % d'eau alors n'hésite pas à m'utiliser comme collation quand tu as soif. Je suis croquante, juteuse et sucrée.

Je suis disponible de la fin du printemps au début de l'automne mais l'été est la meilleure saison pour me déguster.

Je suis riche en citrulline dont le rôle est d'améliorer la circulation sanguine.

Tomate

Si tu as été surpris de voir **Avocat,** tu te demandes sûrement ce que je fais ici mais je suis bien un fruit. Je m'appelle **Tomate.** Je suis ferme, douce et juteuse. D'après certains, je serais originaire d'Amérique du Sud mais tu peux me trouver n'importe où aujourd'hui. J'ai différentes formes. Par exemple, je peux être petite, ronde comme une cerise et pousser en grappes.

Je suis sucrée et acide. Coupe-moi en tranches pour me mettre dans ton sandwich préféré. Tu peux aussi m'ajouter aux œufs brouillés pour le petit déjeuner.

Je suis disponible toute l'année.

Ma teneur élevée en vitamine C et autres nutriments t'aide à garder une belle peau.

Blanc

Banane

Salut ! Je m'appelle **Banane** souriante. Je suis grande et en forme de croissant de lune. Ma peau est verte ou jaune. Quand je suis trop mûre, des points noirs semblables à des taches de rousseur apparaissent sur ma peau mais tu peux encore me manger.

Je suis sucrée et fondante. J'aime qu'on m'ajoute au porridge, au muesli et aux smoothies. Coupe-moi en rondelles et dépose-moi sur une tartine au beurre de cacahuètes.

Je suis disponible toute l'année.

Ma teneur élevée en fibres t'aidera à digérer les aliments. Je contiens aussi des vitamines C et A. Elles t'aideront à garder une belle peau.

Atemoya

Je crois qu'on ne se connaît pas encore ! Moi c'est **Atemoya.** Je suis originaire d'Amérique centrale et des Caraïbes. Je suis de la même famille que **Corossol** et **Chérimole** mais ma peau est bosselée tandis que celle de **Corossol** est épineuse.

J'ai une chair blanche crémeuse et je suis parsemée de graines noires. Ouvre-moi et retire toutes les graines avant de me manger. Tu peux également me mettre dans le blender avec du lait et des glaçons pour un délicieux shake. Conserve-moi au congélateur pour faire une glace délicieuse.

Je suis surtout disponible entre l'été et l'hiver.

J'ai de la vitamine B6, elle est bonne pour ton cerveau, tes nerfs et tes cellules sanguines et t'aidera à être de bonne humeur.

Corossol

On s'est déjà rencontrés ? Enchanté, je suis **Corossol épineux** mais je ne suis pas méchant et je ne pique pas. J'aime passer du temps avec **Atemoya** et **Chérimole.** Je viens de régions tropicales comme l'Amérique centrale et les Caraïbes.

Ma chair est blanche crémeuse et a une forte saveur. Je suis sucrée quand je suis mûre. Tu peux manger ou mélanger ma pulpe avec du lait pour un délicieux smoothie. Comme **Atemoya**, tu peux me congeler pour faire une délicieuse glace.

Retrouve-moi au magasin ou au marché de producteurs entre le printemps et l'automne.

Ma teneur élevée en vitamine C renforce ton système immunitaire, pour que tu sois moins longtemps malade.

Chérimole

Je m'appelle **Chérimole.** Tu as rencontré mes cousins, **Corossol** et **Atemoya.** Je suis originaire d'Amérique du Sud. Je suis lisse à l'extérieur et ma chair est blanche et crémeuse. Ouvre-moi et retire mes graines pour manger ma chair ou mets-là dans le blender avec du lait pour faire un délicieux smoothie. Congèle le smoothie pour en faire une délicieuse glace maison.

Je suis disponible de la fin de l'automne jusqu'à la fin du printemps.

Je suis pleine d'antioxydants. Ils t'aident à combattre les virus qui pénètrent dans ton corps afin que tu restes en bonne santé.

Blanc

Goyave*

Permets-moi de me présenter ! Je m'appelle **Goyave** et je viens des régions tropicales des Amériques. Je suis blanche ou rose. Je suis sucrée, acide, granuleuse et croquante. Mange-moi seule ou mélange-moi avec du lait pour faire un smoothie délicieux.

Tu peux me trouver toute l'année.

Je contiens beaucoup de vitamine C, de fibres et d'autres antioxydants. Ils t'aideront à rendre ton système immunitaire plus fort donc tu seras moins souvent malade.

Kiwi*

Je m'appelle Kiwi mais tu peux m'appeler **Kiwi poilu** parce que ma peau est couverte de poils. Je suis originaire de Chine et un peu plus gros qu'une balle de golf. Je suis sucré, doux et acidulé. Mange-moi seul ou ajoute-moi à ton smoothie préféré.

Tu peux me trouver presque toute l'année, selon l'endroit où tu vis.

Je contiens beaucoup de vitamines C et E. J'aide à assurer la santé de tes intestins.

* Ces fruits ont été rassemblés par couleurs en fonction de leur couleur la plus courante. Cependant, ils peuvent être de différentes couleurs.

RECETTES

Salade de Fruits

1 portion

Temps de préparation : 8 min

Temps de cuisson : 0 min

Durée totale : 8 min

Ingrédients

- 85 g de melon
- 85 g de melon miel
- 85 g de pastèque
- 55 g d'ananas
- 30 g de kiwi
- 30 g de raisins (environ 4 raisins)
- 30 g de fraises (1 ou 2 fraises)

- 30 g de myrtilles (environ 7 myrtilles)
- 30 g de mûres (environ 4 mûres)
- 30 g de framboises (environ 7 framboises)
- ⅓ cuillère à café de jus de citron fraîchement pressé (facultatif)

Instructions

1. Peler et couper le melon, le melon de miel, la pastèque, l'ananas et le kiwi en cubes. Placer dans un bol moyen.

2. Laver et couper les raisins et les fraises et les ajouter au bol.

3. Laver les myrtilles, les mûres et les framboises et les ajouter au bol.

4. Servir immédiatement ou couvrir et mettre au réfrigérateur. Si la salade doit être réfrigérée pendant plus de quelques heures, ajouter du jus de citron pour qu'elle reste fraîche. Il est préférable de couper les fraises juste avant de servir la salade de fruits.

Compote de Pommes

1 portion

Temps de préparation : 7 min

Temps de cuisson : 0 min

Durée totale : 7 min

Ingrédients

- 1 pomme de 250 g
- Pincée de cannelle (facultatif)

Instructions

1. Laver la pomme et couper en morceaux de taille moyenne en retirant le trognon, la tige et les pépins.

2. Mettre les morceaux de pomme dans le blender. Mixer pendant au moins 5 minutes jusqu'à obtenir un mélange homogène. Arrêter occasionnellement l'appareil pour détacher les morceaux collés à la paroi à l'aide d'une spatule.

3. Verser la compote dans un bol, saupoudrer de cannelle, si vous en mettez, et servir.

Compote de Pomme et de Framboise

1 portion

Temps de préparation : 8 min

Temps de cuisson : 0 min

Durée totale : 8 min

Ingrédients

- 1 pomme de 250 g
- 15 g de framboises (environ 4 framboises)
- Pincée de cannelle (facultatif)

Instructions

1. Laver la pomme et couper en morceaux moyens, enlever le trognon, la tige et les pépins.

2. Mettre les morceaux de pomme au blender. Mixer pendant au moins 5 minutes jusqu'à obtenir un mélange homogène. Arrêter occasionnellement l'appareil pour détacher les morceaux collés à la paroi à l'aide d'une spatule. Laver et sécher les framboises et les mettre dans le blender. Mixer pendant 30 secondes.

3. Verser la compote dans un bol et servir avec de la cannelle.

Pomme avec Beurre de Cacahuète

1 portion

Temps de préparation : 5 min

Temps de cuisson : 0 min

Durée totale : 5 min

Ingrédients

- 1 pomme de 200 g
- 1½ c. à soupe de beurre de cacahuète

Instructions

1. Laver la pomme.

2. Couper la pomme en quartiers et enlever le trognon, la tige et les pépins. Placer les quartiers sur une assiette.

3. Verser le beurre de cacahuète dans un petit bol et y tremper les quartiers de pommes.

Yaourt aux Fruits

1 portion

Temps de préparation : 10 min

Temps de cuisson : 0 min

Durée totale : 10 min

Ingrédients

- 30 g de fraises (environ 2 fraises) en morceaux

- 15 g de myrtilles (environ 6 myrtilles)

- 30 g d'ananas en morceaux

- 40 g de banane (environ la moitié d'une petite banane) en rondelles

- ⅓ tasse de yaourt grec nature

- 2 cuillères à soupe de granola

- ½ cuillère à soupe de miel

- 1 cerise de marasquin ou 1 cerise, lavée

Instructions

1. Laver les fraises et les myrtilles. Mettre dans un bol avec l'ananas et la banane.

2. Mixer les fruits et mettre de côté.

3. Mettre le yaourt grec dans un petit bol.

4. Verser le granola et le mélange de fruits sur le yaourt.

5. Ajouter du miel et placer une cerise sur le tout.

Fraises à la Crème Chantilly

1 portion

Temps de préparation : 5 min

Temps de cuisson : 0 min

Durée totale : 5 min

Ingrédients

- 280 g de fraises

Instructions

1. Laver les fraises, retirer les feuilles vertes et couper en deux.
2. Mettre les fraises dans un bol ou une assiette.

Pour la crème chantilly :

Ingrédients

- ½ tasse de crème liquide
- 2 cuillères à café de sucre en poudre
- ¼ c. à café d'extrait de vanille

Instructions

1. Mettre la crème liquide, le sucre en poudre et l'extrait de vanille dans un bol. Battre à vitesse moyenne à élevée pendant environ 5 minutes ou jusqu'à obtenir un mélange épais et aérien.
2. Réfrigérer la crème chantilly pendant au moins 30 minutes.
3. Ajouter la crème chantilly à côté des fraises coupées.

Pamplemousse avec Sucre

1 portion

Temps de préparation : 5 min

Temps de cuisson : 0 min

Durée totale : 5 min

Ingrédients

- 1 pamplemousse de 400 g
- 1 cuillère à café de sucre (facultatif)

Instructions

1. Laver le pamplemousse
2. Couper la partie supérieure et saupoudrer de sucre avant de manger.
3. Utiliser une cuillère pour racler les côtés et obtenir le jus.

JUS ET GLACES À L'EAU

Jus de Canneberge

2 portions ou 6 glaces à l'eau

Temps de préparation : 5 min
Temps de cuisson : 0 min
Durée totale : 5 min

Ingrédients

- 1 tasse de canneberges fraîches
- 2 tasses d'eau
- 2 cuillères à soupe de sucre

Instructions

1. Laver les canneberges et les mettre dans un blender.

2. Ajouter l'eau et mélanger pendant 1-2 minutes.

3. Passer le mélange de canneberges au chinois et ajouter le sucre en remuant jusqu'à ce qu'il soit dissous.

4. Servir immédiatement ou conserver pour plus tard.

5. Pour faire des glaces à l'eau, ajouter le jus dans un moule en acier inoxydable et congeler pendant au moins 6 heures. Placer sous l'eau froide pendant 5 à 7 secondes pour démouler les glaces.

6. Pour faire du jus de pomme et de canneberge, mélanger avec du jus de pomme.

Jus de Pommes

2 portions

Temps de préparation : 10 min

Temps de cuisson : 0 min

Durée totale : 10 min

Ingrédients

- 500 g de pommes (2 pommes)
- 2 tasses d'eau
- 1 cuillère à soupe de sucre

Instructions

1. Laver les pommes et les couper en deux en retirant le trognon, la tige et les pépins.

2. Placer les moitiés de pommes dans un blender.

3. Ajouter l'eau et le sucre et mélanger pendant 1-2 minutes.

4. Passer le mélange au chinois et servir immédiatement ou mettre au frigo et servir plus tard.

5. Pour faire du jus de pomme et de canneberge, mélanger avec du jus de canneberge.

Jus de Grenade

2 portions

Temps de préparation : 20 min

Temps de cuisson : 0 min

Durée totale : 20 min

Ingrédients

- 450 g de grenade (1-2 grenades)

Instructions

1. Laver les grenades avant de les couper.

2. Retirer soigneusement toutes les graines et les mettre dans un bol.

3. Verser les graines dans un blender et mixer pendant 15 secondes.

4. Passer au chinois pour séparer le jus des graines puis servir.

Citronnade

1 portion

Temps de préparation : 10 min

Temps de cuisson : 0 min

Durée totale : 10 min

Ingrédients

- 1 tasse d'eau
- 3 cuillères à soupe de sucre
- 1 tasse de glaçons

- 140 g de citron (environ 1 citron)
- ¼ cuillère à café d'extrait d'amande (de préférence la marque Noyau)

Instructions

1. Mettre l'eau et le sucre dans un moyen bol et remuer jusqu'à ce que le sucre soit dissous. Ajouter du sucre si vous en voulez.

2. Ajouter les glaçons et remuer jusqu'à ce qu'ils aient fondu.

3. Placer une passoire sur le bol.

4. Laver le citron et le couper en deux. Presser les moitiés de citron au-dessus de la passoire pour filtrer les pépins.

5. Ajouter l'extrait d'amande et remuer.

6. Servir immédiatement ou garder au frigo pour plus tard.

Limonade

2 portions

Temps de préparation : 10 min
Temps de cuisson : 0 min
Durée totale : 10 min

Ingrédients

- 2 tasses d'eau
- ½ tasse de sucre
- 1 tasse de glaçons
- 170 g de citron vert (environ 2 citrons verts)
- ¼ cuillère à café d'extrait d'amande (de préférence la marque Noyau)

Instructions

1. Mettre l'eau et le sucre dans un moyen bol et remuer jusqu'à ce que le sucre soit dissous.
2. Ajouter les glaçons et remuer.
3. Placer une passoire sur le bol.
4. Laver les citrons verts et les couper en deux. Presser les moitiés de citron vert au-dessus de la passoire pour filtrer les pépins.
5. Ajouter l'extrait d'amande et remuer.
6. Servir immédiatement ou garder au frigo pour plus tard.

Jus de Pamplemousse

2 portions ou 6 glaces à l'eau

Temps de préparation : 7 min
Temps de cuisson : 0 min
Durée totale : 7 min

Ingrédients

- 800 g de pamplemousse (environ 2 pamplemousses)
- 1 tasse d'eau
- 2 cuillères à soupe de sucre
- ¼ cuillère à café d'extrait d'amande (de préférence la marque Noyau)
- 7-10 glaçons

Instructions

1. Laver les pamplemousses et les couper en deux.
2. Extraire le jus des pamplemousses à l'aide d'un presse-agrumes électrique.
3. Ajouter l'eau et passer au chinois pour retirer la pulpe.
4. Ajouter le sucre et l'extrait d'amande.
5. Servir avec des glaçons ou conserver au frigo pour plus tard.
6. Pour faire des glaces à l'eau, verser le jus dans des moules en acier inoxydable et congeler pendant 6 heures. Placer sous l'eau froide pendant 5 à 7 secondes pour démouler les glaces.

Jus d'Orange

2 portions ou 6 glaces à l'eau

Temps de préparation : 15 min

Temps de cuisson : 0 min

Durée totale : 15 min

Ingrédients

- 1,8 kg d'oranges navel

Instructions

1. Laver les oranges avant de les couper en deux.

2. Extraire le jus des oranges à l'aide d'un presse-agrumes électrique.

3. Passer au chinois pour retirer la pulpe.

4. Ajouter des glaçons pour servir immédiatement ou garder au frigo pour plus tard.

5. Pour faire des glaces à l'eau, verser le jus dans des moules en acier inoxydable et congeler pendant 6 heures. Placer sous l'eau froide pendant 5 à 7 secondes pour démouler les glaces.

Jus de Goyave, de kiwi et de Fraise

2 portions ou 4 glaces à l'eau

Temps de préparation : 5 min

Temps de cuisson : 0 min

Durée totale : 5 min

Ingrédients

- 40 g de goyave
- 60 g de kiwi
- 120 g de fraises

- 1 tasse d'eau
- 1 cuillère à café de sucre
- ⅓ cuillère à café d'extrait d'amande (de préférence la marque Noyau)

Instructions

1. Laver la goyave, les kiwis et les fraises.

2. Peler les kiwis, les couper en deux et les mettre dans le blender.

3. Couper la goyave en deux et l'ajouter au blender.

4. Retirer les feuilles, couper les fraises et les ajouter au blender.

5. Ajouter l'eau et mixer avec les fruits pendant 1-2 minutes.

6. Passer le mélange au chinois pour filtrer les pépins de goyave.

7. Ajouter le sucre et l'extrait d'amande et remuer jusqu'à ce que le sucre soit complètement dissous.

8. Ajouter des glaçons pour servir ou conserver au frigo pour plus tard.

9. Pour faire des glaces à l'eau, verser le jus dans des moules en acier inoxydable et congeler pendant 6 heures. Placer sous l'eau froide pendant 5 à 7 secondes pour démouler les glaces.

Jus de Fruits de la Passion

2 portions ou 6 glaces à l'eau

___

Temps de préparation : 5 min

Temps de cuisson : 0 min

Durée totale : 5 min

Ingrédients

- 450 g de fruit de la passion (environ 2 fruits)
- 2 tasses d'eau
- 2 cuillères à soupe de sucre
- ¼ cuillère à café d'extrait d'amande (de préférence la marque Noyau)

Instructions

1. Laver les fruits de la passion et les couper en deux.

2. Utiliser une cuillère pour enlever la pulpe et les graines et les mettre dans le blender.

3. Ajouter l'eau et mixer à vitesse faible pendant 15 secondes maximum.

4. Passer le mélange au chinois et ajouter 1 cuillère à soupe de sucre. Remuer pour séparer le jus des graines et jeter les graines.

5. Ajouter le reste du sucre et l'extrait d'amande.

6. Remuer jusqu'à ce que le sucre soit dissous.

7. Servir avec des glaçons ou conserver au frigo pour plus tard.

8. Pour faire des glaces à l'eau, verser le jus dans des moules en acier inoxydable et congeler pendant 6 heures. Placer sous l'eau froide pendant 5 à 7 secondes pour démouler les glaces.

Glace à l'Eau Saveur Mangue

4 glaces à l'eau

Temps de préparation : 10 min

Temps de congélation : 6 heures

Durée totale : 6 heures et 10 min

Ingrédients

- 400 g de mangue mûre (environ 1 grosse mangue)

Instructions

1. Laver la mangue et l'éplucher avec un couteau.

2. Utiliser le couteau pour séparer la pulpe du noyau et placer la pulpe dans le blender.

3. Mélanger pendant 1 minute et passer au chinois.

4. Ajouter le jus de mangue dans un moule en acier inoxydable et congeler pendant au moins 6 heures. Placer sous l'eau froide pendant 5 à 7 secondes pour démouler les glaces.

SANDWICHS ET TOASTS

Sandwich au Beurre de Cacahuète et à la Confiture de Framboises

1 portion

Temps de préparation : 5 min

Temps de cuisson : 0 min

Durée totale : 5 min

Ingrédients

- 1 tranche de pain complet ou 2 (si vous utilisez un coupe-sandwich)
- 1 cuillère à soupe de beurre de cacahuètes naturel
- 1 cuillère à café de confiture de framboises
- Coupe-sandwich (facultatif)

Instructions

1. Couper le pain en deux.

2. Étaler le beurre de cacahuète sur une moitié et la confiture sur l'autre moitié.

3. Mettre l'autre moitié du pain par-dessus et servir.

4. Si vous utilisez un coupe-sandwich, mettre le beurre de cacahuète et la confiture au centre de la première tranche de pain. Placer l'autre tranche par-dessus.

5. Placer le coupe-sandwich sur le pain et appuyer fermement pour sceller le sandwich et retirer les bords avant de servir.

Sandwich au Beurre de Cacahuètes et à la Banane

1 portion

Temps de préparation : 5 min

Temps de cuisson : 0 min

Durée totale : 5 min

Ingrédients

- 1 tranche de pain complet ou 2 (si vous utilisez un coupe-sandwich)
- 40 g de banane (environ ½ banane)
- 1 cuillère à café de beurre de cacahuète naturel
- Coupe-sandwich (facultatif)

Instructions

1. Couper le pain en deux.

2. Étaler le beurre de cacahuète sur la première moitié de pain.

3. Trancher la banane horizontalement ou l'écraser à l'aide d'une fourchette et mettre sur le beurre de cacahuète.

4. Mettre l'autre moitié du pain par-dessus et servir.

5. Si vous utilisez un coupe-sandwich, ajouter le beurre de cacahuète et la banane au centre de la première tranche de pain. Placer l'autre tranche par dessus.

6. Placer le coupe-sandwich sur le pain et appuyer fermement pour sceller le sandwich et retirer les bords avant de servir.

Tartine à l'Avocat

1 portion

Temps de préparation : 4 min

Temps de cuisson : 1 min

Durée totale : 5 min

Ingrédients

- 1 tranche de pain complet
- 60 g d'avocat (environ ½ avocat)

Instructions

1. Faire griller le pain complet.
2. Laver l'avocat et le couper en deux avec un couteau.
3. Retirer la chair avec une cuillère et l'écraser avec le dos d'une fourchette.
4. Tartiner sur le pain grillé.

Sandwich à l'Avocat (Forme de Dinosaure)

1 portion

Temps de préparation : 5 min

Temps de cuisson : 0 min

Durée totale : 5 min

Ingrédients

- 2 tranches de pain complet
- 120 g d'avocat
- Coupe-sandwich en forme de dinosaure

Instructions

1. Placer 2 tranches de pain sur une assiette (vous avez l'option de griller le pain).

2. Laver l'avocat et le couper en deux avec un couteau.

3. Retirer la chair avec une cuillère et l'écraser avec le dos d'une fourchette.

4. Tartiner l'avocat sur la tranche de pain. Mettre l'autre tranche par-dessus.

5. Placer le coupe-sandwich en forme de dinosaure sur le pain et appuyer fermement pour sceller le sandwich et retirer les bords avant de servir.

MILK-SHAKES ET SMOOTHIES

Smoothie

1 portion

Temps de préparation : 5-10 min
Temps de cuisson : 0 min
Durée totale : 5-10 min

Ingrédients

- 30 g de fraises (environ 2 fraises)
- 30 g de myrtilles
  (environ 9 myrtilles)
- 30 g de mûres (environ 4 mûres)
- 30 g de framboises
  (environ 6 framboises)

- 30 g d'ananas, coupé en cubes
- 30 g de pomme, coupée en cubes
- 30 g de kiwi, coupé en cubes
- 1 tasse de lait
- 1 tasse de glaçons

Instructions

1. Laver tous les fruits, les découper si besoin et les mettre dans le blender.
2. Ajouter le lait et les glaçons.
3. Mixer dans le blender 1-2 minutes puis servir.

Milk-Shake à la Papaye

2 portions

Temps de préparation : 10 min
Temps de cuisson : 0 min
Durée totale : 10 min

Ingrédients

- 500 g de papaye
- 2 tasses de lait (ou 1 tasse d'eau et 1 tasse de lait concentré)
- 3 cuillères à soupe de sucre

- 2 tasses de glaçons
- ¼ cuillère à café d'extrait d'amande (de préférence la marque Noyau)

Instructions

1. Laver la papaye, utiliser un couteau pour retirer la peau et enlever toutes les graines.

2. Couper la papaye en morceaux et ajouter les dans le blender.

3. Ajouter le lait, le sucre, les glaçons et l'extrait d'amande et mixer pendant 1 à 2 minutes.

4. Servir immédiatement. Le milk-shake risque d'avoir un goût amer si vous attendez plus de 1 à 2 heures.

Milk-Shake à l'Atemoya / au Corossol / au Chérimole

2 portions ou 8 glaces à l'eau

Temps de préparation : 30 min

Temps de cuisson : 0 min

Durée totale : 30 min

Ingrédients

- 1 tasse de pulpe de fruit (provenant d'une atemoya, d'un corossol ou d'un chérimole de taille moyenne)
- 2 tasses de lait
- ¼ cuillère à café de muscade fraîchement râpée (seulement pour le corossol)
- 1 cuillère à soupe de sucre blanc
- 1 pincée de sel
- ¼ cuillère à café d'extrait d'amande (de préférence la marque Noyau)
- 10 glaçons (facultatif)

Instructions

1. Laver les fruits, les couper, retirer la pulpe et les graines et les mettre dans un bol. Retirer soigneusement toutes les graines noires. Cela peut prendre jusqu'à 20 minutes. La chair doit être blanche, pas marron.

2. Transférer la pulpe dans un blender petit à petit, en vérifiant que toutes les graines ont bien été enlevées.

3. Ajouter le lait et mixer à vitesse moyenne pendant quelques minutes jusqu'à obtenir une consistance crémeuse.

4. Ajouter la muscade fraîchement râpée et mixer encore 1 minute. (Seulement pour le corossol)

5. Transférer la purée de fruits dans un grand bol ou un pichet.

6. Ajouter le sucre et une pincée de sel. Remuer jusqu'à ce que le sucre soit dissous.

7. Ajouter l'extrait d'amande et remuer brièvement.

8. Ajouter les glaçons et servir immédiatement ou conserver au frigo et servir plus tard.

9. Pour faire des glaces à l'eau, verser le jus dans des moules en acier inoxydable et congeler pendant 6 heures. Placer sous l'eau froide pendant 5 à 7 secondes pour démouler les glaces.

PLATS DE PETIT DÉJEUNER

Pancakes à la Goyave avec Sirop de Goyave

11 pancakes

Temps de préparation : 15 min
Temps de cuisson : 20 min
Durée totale : 35 min

Ingrédients

- ½ tasse de goyave (rouge, si possible)
- ½ tasse de farine complète
- ½ tasse de lait fermenté (plus si vous voulez des pancakes moelleux)
- 1 œuf
- Filet d'huile d'olive

Instructions

1. Laver la goyave et la couper en 4 morceaux.

2. Ajouter les quartiers de goyave (avec la peau et les graines) au blender et mixer.

3. Ajouter ½ tasse de goyave écrasée dans un grand bol. Réserver le reste du mélange de goyave pour vos pancakes ou milk-shakes.

4. Ajouter la farine, le lait fermenté et l'œuf. Bien mélanger avec une cuillère pendant quelques minutes.

5. Vaporiser une grande poêle d'huile d'olive et chauffer environ 1 minute.

6. Ajouter ¼ tasse du mélange à la poêle ou utiliser un moule à pancake en silicone.

7. Cuire les pancakes 3 minutes sur feu moyen puis les retourner et cuire l'autre côté 2 minutes.

8. Servir avec du sirop de goyave.

Sirop de goyave

Ingrédients

- 370 g d'écorce de goyave (de 1 goyave)
- 1 cuillère à soupe de sucre
- 1 tasse d'eau
- ¼ c. à café d'extrait de vanille

Instructions

1. Laver une goyave et retirer la peau.

2. Ajouter la pelure dans une petite casserole avec le sucre et l'eau.

3. Porter à ébullition et laisser mijoter 10 minutes sur feu moyen.

4. Ajouter l'extrait de vanille et faire bouillir 2 minutes de plus ou jusqu'à ce que vous voyiez des bulles. Retirer la casserole du feu.

5. Passer le liquide au chinois et laisser refroidir avant de servir avec vos pancakes à la goyave.

Confiture/Sirop de Framboises

4 portions

Temps de préparation : 5 min

Temps de cuisson : 15 min

Durée totale : 20 min

Ingrédients

- 1 tasse de framboises
- 2 tasses d'eau
- ¼ c. à café d'extrait de vanille
- 1 bâtonnet de cannelle

Instructions

1. Laver les framboises, les ajouter à une poêle avec de l'eau et porter à ébullition avant de laisser mijoter sur feu doux à moyen.

2. Ajouter l'extrait de vanille et le bâton de cannelle. Cuire jusqu'à ce que le liquide commence à ébullition, environ 20 minutes.

3. Passer le liquide au chinois et laisser refroidir avant de servir avec des pancakes aux myrtilles.

4. Pour faire de la confiture, cuire les fruits encore 2 minutes ou jusqu'à ce que le liquide s'évapore. Vous pourrez la conserver au réfrigérateur pendant 1 semaine.

Pancakes à la Myrtille au Sirop de Framboise

2 portions ou 11 pancakes

Temps de préparation : 5 min
Temps de cuisson : 15 min
Durée totale : 20 min

Ingrédients

- 1 tasse de farine complète
- 1½ tasse de lait fermenté
- 1 œuf
- ¼ c. à café de cannelle
- ¼ cuillère à café de muscade moulue
- ¼ cuillère à café d'extrait de vanille
- 1 cuillère à café de miel (facultatif)
- ½ tasse de myrtilles
- Filet d'huile d'olive

Instructions

1. Mélanger la farine, le lait fermenté et l'œuf dans un moyen bol.

2. Ajouter la cannelle, la muscade, la vanille et mélanger.

3. Ajouter le miel, si vous en voulez, et remuer jusqu'à obtenir une consistance lisse.

4. Ajouter les myrtilles.

5. Chauffer une poêle sur feu doux à moyen pendant 1 minute et arroser d'un filet d'huile d'olive.

6. Si vous le souhaitez, utiliser un moule à pancakes en silicone avec 2 cuillères à soupe de mélange à pancakes à la fois. Sinon, ajouter ¼ tasse de mélange à pancakes dans la poêle.

7. Cuire les pancakes entre 2 à 3 minutes, puis les retourner. Cuire de l'autre côté pendant 2 minutes avant de retirer du feu.

8. Servir avec du sirop de framboise.

Beignets de Bananes

18 beignets

Temps de préparation : 20 min

Temps de cuisson : 10 min

Durée totale : 30 min

Ingrédients

- 450 g de bananes trop mûres
- 1 pincée de sel
- 1 cuillère à café de sucre blanc
- ½ tasse de farine complète
- ½ tasse d'huile d'avocat

Instructions

1. Éplucher les bananes et les placer dans un bol.

2. Écraser les bananes à l'aide d'un presse-purée en acier inoxydable pendant 2-3 minutes ou jusqu'à ce qu'elles soient molles.

3. Mélanger la farine, le sucre et le sel dans un autre bol, puis ajouter aux bananes.

4. Bien mélanger avec une cuillère.

5. Dans une grande poêle antiadhésive, faire chauffer de l'huile sur feu moyen à élevé pendant 2 à 3 minutes. L'huile doit être chaude, sinon le mélange va s'imprégner de l'huile.

6. Utiliser une cuillère à café pour ajouter le mélange à l'huile, environ 14 au total.

7. Diminuer le feu et cuire pendant deux minutes.

8. Retourner les beignets à l'aide d'une spatule et cuire l'autre côté pendant 1-2 minutes ou jusqu'à ce qu'ils deviennent dorés.

9. Prendre trois papiers absorbants et les mettre sur une grande assiette. Placer les beignets sur ces derniers.

10. Ajouter plus de mélange à l'huile et suivre les mêmes étapes.

11. Laisser refroidir les beignets environ 5 minutes avant de servir.

Avoine Concassée

2 portions

Temps de préparation : 3 Heures

Temps de cuisson : 25 min

Durée totale : 3 heures et 25 min

Ingrédients

- 1 tasse d'avoine concassée
- 2½ tasses d'eau
- 1 bâton de cannelle
- 1 pincée de sel
- 2 Gousses d'anis étoilée
- 1 tasse de lait évaporé
- ¼ c. à café d'extrait de vanille
- 1 cuillère à soupe de sucre (facultatif)
- ½ tasse de myrtilles
- ½ tasse de framboises
- ¼ tasse de mûres

L'avoine concassée prend plus de temps à cuire, il est donc important de le faire tremper avant la cuisson.

Instructions

1. Faire tremper l'avoine dans 2 tasses d'eau pendant 3 heures ou toute une nuit.

2. Ajouter ½ tasse d'eau dans une petite casserole avec de la cannelle, du sel et de l'anis étoilé.

3. Porter à ébullition, puis ajouter l'avoine imbibée dans l'eau.

4. Laisser mijoter l'avoine pendant 10 minutes à feu moyen, en remuant de temps en temps.

5. Ajouter le lait, l'extrait de vanille et le sucre (si besoin) et remuer.

6. Porter de nouveau l'avoine à ébullition et cuire encore 10 minutes sur feu moyen à élevé en remuant de temps en temps.

7. Laisser la farine d'avoine refroidir pendant 5 à 10 minutes avant de servir.

8. Servir avec des fruits rouges ou tout autre fruit de votre choix.

Oeufs Brouillés à la Tomate

2 portions

Temps de préparation : 10 min

Temps de cuisson : 5 min

Durée totale : 15 min

Ingrédients

- 1 cuillère à soupe d'huile d'olive
- ¼ tasse d'échalote ou d'oignon, haché
- ¼ tasse de tomate, coupée en dés
- 2 œufs
- ⅓ cuillère à café de sel de mer

Instructions

1. Chauffer l'huile dans une petite poêle antiadhésive à feu moyen.

2. Ajouter l'échalote ou l'oignon et la tomate à la poêle. Faire revenir 2-3 minutes jusqu'à ce qu'ils soient légèrement dorés.

3. Casser les œufs et les ajouter dans un bol. Ajouter le sel et battre à la fourchette pendant 30 secondes.

4. Ajouter les œufs à la poêle et cuire 2 minutes en remuant de temps en temps.

5. Servir avec du pain entier ou un wrap de grains entiers. Si vous préférez un wrap, réchauffer le wrap pendant 10 secondes.

Synopsis

On aime tous les collations sans forcément savoir qu'elles peuvent aussi être bonnes pour la santé. Il y a des options délicieuses et nutritives. Ce livre s'adresse aux enfants qui ont un faible pour les sucreries et leur montre qu'il existe de meilleures alternatives.

Faites la connaissance de la famille des fruits. Les fruits sont les parties comestibles des plantes et des arbres. Ils ont des couleurs, des goûts et des textures variés. Leurs bienfaits pour la santé sont considérables, en particulier pour le système immunitaire. Dans ce livre intelligent et instructif, les lecteurs apprendront le rôle que jouent les fruits dans le bon fonctionnement du corps. Ils sont notamment utiles pour le cœur, le cerveau, la digestion et peuvent même prévenir le cancer.

Chaque fruit est regroupé par couleur et se présente. Les lecteurs découvriront de nouvelles informations sur des fruits qu'ils connaissent bien, comme le melon, les raisins et les pommes. Ils se familiariseront également avec des fruits exotiques méconnus comme l'atemoya, le chérimole et le corossol, qui viennent d'Amérique du Sud. Chaque fruit décrit sa texture, sa teneur en vitamines, le lieu où on peut le trouver et ses bienfaits pour la santé.

Après avoir fait la connaissance de plus de 30 fruits communs et uniques, les lecteurs accéderont à une section de recettes appétissantes, avec des instructions détaillées pour préparer des salades de fruits, des smoothies, des milk-shakes, des petits-déjeuners et plus encore.

Ce livre amusant, unique et digeste invite les lecteurs à (re)découvrir la grande famille des fruits. En complément, un livre de coloriage est disponible pour que les plus jeunes continuent à en apprendre plus sur leurs nouveaux amis les fruits.

Des fruits délicieux pour un ventre heureux éveillera chez les lecteurs une curiosité pour les fruits, leur permettra d'établir une relation durable avec eux et de rester en bonne santé.

Biographies

Mika est en 5ème. Elle aime lire, écrire et jouer au flag football. Elle voudrait devenir écrivain Suis son blog sur le thème des voyages, **@mikasfunadventures**, sur Instagram. Son fruit préféré est la mûre car elle est sucrée et noire. Le noir, c'est la couleur préférée de Mika – une couleur qui lui va bien !

Edward est en CM2 et sa passion, c'est le football. Il aimerait devenir footballeur. Son fruit préféré est la prune. Elle lui rappelle le ballon et est facile à emporter à l'entraînement.

Hugh est en CE2, il aime les maths et le football. Il aimerait être constructeur quand il sera grand. Il aime aussi jouer à Transformers avec Edward. Le fruit préféré de Hugh, ce sont les raisins parce qu'ils sont toujours en grappes, comme une famille.

Vous pouvez suivre **@the3monties** sur Instagram.

Jeanne est la mère de Mika, d'Edward et de Hugh. Elle se considère comme une grande voyageuse, elle a visité tout un tas de pays comme le Japon, le Maroc et l'Espagne. Quand elle ne fait pas son travail de traductrice ou qu'elle n'est pas en train de voyager, elle aime passer du temps en cuisine à préparer des repas sains et équilibrés pour sa famille. Jeanne aime particulièrement cuisiner la nourriture haïtienne mais elle aime aussi essayer des recettes qu'elle a apprises lors de ses différents voyages à travers le monde.

Son fruit préféré est l'Abricot des Antilles car il a énormément de saveur. En plus, le fruit est une perle rare car il est difficile à trouver en dehors des Caraïbes, ce qui le rend encore plus fascinant !

Vous pouvez suivre Jeanne sur Instagram **@jeannefortune6** ou consulter ses autres livres sur www.jeannefortune.com.

Venura est un artiste qui nous vient du Sri Lanka. Il a conçu des timbres pour le service postal du Sri Lanka. C'est l'auteur et l'illustrateur du **Happy Vegetables Coloring Book** et le fondateur de Venura Publication. Son fruit préféré est l'ananas parce qu'il est sucré et bon pour la santé.

Vous pouvez suivre Venura sur Instagram **@line_arts_ny_venura**.

Christophe est traducteur. Il est né et a grandi en France mais il a vécu aux Etats-Unis pendant presque dix ans. Aujourd'hui, il vit en Thaïlande car il aime bien travailler au soleil. Son fruit préféré est la mangue. Ça tombe bien, on les trouve partout en Thaïlande !

Aurélie est bibliothécaire. Elle vit en France. Il y a moins de soleil qu'en Thaïlande mais plus de pâtisseries. Son fruit préféré est la framboise. On en trouve sur un gâteau appelé framboisier.

Des Fruits Délicieux pour un Ventre Heureux: Le Livre de Coloriage

Embarquez pour un voyage délicieux avec la famille des fruits et découvrez le monde vibrant des fruits dans ce livre de coloriage charmant !

Les différents types de fruits prennent vie dans le livre de coloriage, cela permet aux jeunes lecteurs de s'engager avec leurs nouveaux amis fruités.

Du rouge vif des fraises aux jaunes ensoleillés des bananes, les jeunes artistes peuvent remplir les pages avec leurs couleurs préférées, ils rendront ainsi la famille des fruits encore plus captivante et mémorable.

Préparez-vous à colorer votre chemin vers un mode de vie heureux et sain avec la famille des Fruits – une expérience délicieuse, éducative et artistique pour tous les jeunes amateurs de fruits!

ANALYSE DES RECETTES

Analyse de recette
Information nutritionnelle

*Le % de la valeur quotidienne (VQ) indique dans quelle mesure un nutriment contenu dans une portion contribue à un régime quotidien. Nous utilisons le standard de 2000 calories par jour pour des conseils généraux en nutrition.

Salade de Fruits	
Portions : 1	
Cantidad por portion	
Calories	202
% Valeur quotidienne*	
Matière grasse totale 1,2g	2%
Graisses saturées 0,2g	1%
Cholestérol 0mg	0%
Sodium 33mg	1%
Glucides totaux 49,9g	18%
Fibres alimentaires 8,3g	30%
Sucres totaux 38,4g	
Protéine 3,6g	
Vitamine D 0mcg	0%
Calcium 60mg	5%
Fer 2mg	10%
Potassium 874mg	19%

Compote de Pommes	
Portions : 1	
Quantité par portion	
Calories	116
% Valeur quotidienne*	
Matière grasse totale 0.4g	1%
Graisses saturées 0g	0%
Cholestérol 0mg	0%
Sodium 2mg	0%
Glucides totaux 30.8g	11%
Fibres alimentaires 5.4g	19%
Sucres totaux 23.2g	
Protéine 0.6g	
Vitamine D 0mcg	0%
Calcium 1mg	0%
Fer 1mg	6%
Potassium 239mg	5%

Analyse de recette
Information nutritionnelle

*Le % de la valeur quotidienne (VQ) indique dans quelle mesure un nutriment contenu dans une portion contribue à un régime quotidien. Nous utilisons le standard de 2000 calories par jour pour des conseils généraux en nutrition.

Compote de Pomme et de Framboise

Portions : 1

Quantité par portion

Calories	123

% Valeur quotidienne*	
Matière grasse totale 0.5g	1%
Graisses saturées 0g	0%
Cholestérol 0mg	0%
Sodium 2mg	0%
Glucides totaux 32.5g	12%
Fibres alimentaires 6.3g	23%
Sucres totaux 23.8g	
Protéine 0.8g	
Vitamine D 0mcg	0%
Calcium 5mg	0%
Fer 1mg	6%
Potassium 260mg	6%

Yaourt aux Fruits

Portions : 1

Quantité par portion

Calories	199

% Valeur quotidienne*	
Matière grasse totale 9.2g	12%
Graisses saturées 2.3g	11%
Cholestérol 5mg	2%
Sodium 34mg	1%
Glucides totaux 47.1g	17%
Fibres alimentaires 5.3g	19%
Sucres totaux 29.9g	
Protéine 3.2g	
Vitamine D 0mcg	0%
Calcium 119mg	9%
Fer 2mg	10%
Potassium 512mg	11%

Analyse de recette
Information nutritionnelle

*Le % de la valeur quotidienne (VQ) indique dans quelle mesure un nutriment contenu dans une portion contribue à un régime quotidien. Nous utilisons le standard de 2000 calories par jour pour des conseils généraux en nutrition.

Smoothie

Portions : 1	
Quantité par portion	
Calories	346
% Valeur quotidienne*	
Matière grasse totale 9g	12%
Graisses saturées 4.6g	23%
Cholestérol 24mg	8%
Sodium 102mg	4%
Glucides totaux 62.1g	23%
Fibres alimentaires 11.2g	40%
Sucres totaux 48.2g	
Protéine 10.1g	
Vitamine D 98mcg	488%
Calcium 310mg	24%
Fer 2mg	12%
Potassium 861mg	18%

Jus de Canneberge

Portions : 2	
Quantité par portion	
Calories	25
% Valeur quotidienne*	
Matière grasse totale 0g	0%
Graisses saturées 0g	0%
Cholestérol 0mg	0%
Sodium 0mg	0%
Glucides totaux 5.7g	2%
Fibres alimentaires 0.7g	2%
Sucres totaux 4.7g	
Protéine 0g	
Vitamine D 0mcg	0%
Calcium 3mg	0%
Fer 0mg	1%
Potassium 31mg	1%

Analyse de recette
Information nutritionnelle

Recette éditée par
verywell

*Le % de la valeur quotidienne (VQ) indique dans quelle mesure un nutriment contenu dans une portion contribue à un régime quotidien. Nous utilisons le standard de 2000 calories par jour pour des conseils généraux en nutrition.

Pomme avec Beurre de Cacahuète

Portions : 1

Quantité par portion

Calories	257

% Valeur quotidienne*	
Matière grasse totale 12.5g	16%
Graisses saturées 2.6g	13%
Cholestérol 0mg	0%
Sodium 112mg	5%
Glucides totaux 35.5g	13%
Fibres alimentaires 6.8g	24%
Sucres totaux 25.5g	
Protéine 6.6g	
Vitamine D 0mcg	0%
Calcium 2mg	0%
Fer 3mg	18%
Potassium 394mg	8%

Sandwich au Beurre de Cacahuète et à la Confiture de Framboises

Portions : 1

Quantité par portion

Calories	184

% Valeur quotidienne*	
Matière grasse totale 9g	12%
Graisses saturées 1.8g	9%
Cholestérol 0mg	0%
Sodium 155mg	7%
Glucides totaux 20.1g	7%
Fibres alimentaires 3.1g	11%
Sucres totaux 6.2g	
Protéine 8g	
Vitamine D 1mcg	3%
Calcium 176mg	14%
Fer 3mg	16%
Potassium 5mg	0%

Analyse de recette
Information nutritionnelle

Recette éditée par
verywell

*Le % de la valeur quotidienne (VQ) indique dans quelle mesure un nutriment contenu dans une portion contribue à un régime quotidien. Nous utilisons le standard de 2000 calories par jour pour des conseils généraux en nutrition.

Sandwich au Beurre de Cacahuètes et à la Banane	
Portions : 1	
Quantité par portion	
Calories	136
% Valeur quotidienne*	
Matière grasse totale 3.8g	5%
Graisses saturées 0.8g	4%
Cholestérol 0mg	0%
Sodium 151mg	7%
Glucides totaux 23.2g	8%
Fibres alimentaires 3.5g	12%
Sucres totaux 7.5g	
Protéine 5.1g	
Vitamine D 1mcg	3%
Calcium 177mg	14%
Fer 2mg	9%
Potassium 152mg	3%

Jus de Grenade	
Portions : 2	
Quantité par portion	
Calories	74
% Valeur quotidienne*	
Matière grasse totale 0g	0%
Graisses saturées 0g	0%
Cholestérol 0mg	0%
Sodium 0mg	0%
Glucides totaux 19.1g	7%
Fibres alimentaires 0.7g	3%
Sucres totaux 15.5g	
Protéine 0.7g	
Vitamine D 0mcg	0%
Calcium 0mg	0%
Fer 0mg	1%
Potassium 295mg	6%

Analyse de recette
Information nutritionnelle

Recette éditée par

*Le % de la valeur quotidienne (VQ) indique dans quelle mesure un nutriment contenu dans une portion contribue à un régime quotidien. Nous utilisons le standard de 2000 calories par jour pour des conseils généraux en nutrition.

Fraises à la Crème Chantilly

Portions : 1

Quantité par portion

Calories	320
% Valeur quotidienne*	
Matière grasse totale 23.1g	30%
Graisses saturées 13.8g	69%
Cholestérol 82mg	27%
Sodium 26mg	1%
Glucides totaux 28.6g	10%
Fibres alimentaires 5.7g	20%
Sucres totaux 19g	
Protéine 3.1g	
Vitamine D 31mcg	156%
Calcium 85mg	7%
Fer 1mg	7%
Potassium 480mg	10%

Citronnade

Portions : 1

Quantité par portion

Calories	179
% Valeur quotidienne*	
Matière grasse totale 0.4g	1%
Graisses saturées 0.1g	0%
Cholestérol 0mg	0%
Sodium 3mg	0%
Glucides totaux 49.3g	18%
Fibres alimentaires 4g	14%
Sucres totaux 39.7g	
Protéine 1.6g	
Vitamine D 0mcg	0%
Calcium 37mg	3%
Fer 1mg	5%
Potassium 197mg	4%

Analyse de recette
Information nutritionnelle

*Le % de la valeur quotidienne (VQ) indique dans quelle mesure un nutriment contenu dans une portion contribue à un régime quotidien. Nous utilisons le standard de 2000 calories par jour pour des conseils généraux en nutrition.

Limonade

Portions : 2	
Quantité par portion	
Calories	107
% Valeur quotidienne*	
Matière grasse totale 0.1g	0%
Graisses saturées 0g	0%
Cholestérol 0mg	0%
Sodium 1mg	0%
Glucides totaux 29.5g	11%
Fibres alimentaires 1.2g	4%
Sucres totaux 25.8g	
Protéine 0.3g	
Vitamine D 0mcg	0%
Calcium 14mg	1%
Fer 0mg	1%
Potassium 44mg	1%

Milk-Shake à la Papaya

Portions : 2	
Quantité par portion	
Calories	316
% Valeur quotidienne*	
Matière grasse totale 8.6g	11%
Graisses saturées 4.7g	24%
Cholestérol 24mg	8%
Sodium 117mg	5%
Glucides totaux 54.5g	20%
Fibres alimentaires 4.1g	14%
Sucres totaux 49.2g	
Protéine 9g	
Vitamine D 98mcg	488%
Calcium 324mg	25%
Fer 1mg	4%
Potassium 777mg	17%

Analyse de recette
Information nutritionnelle

Recette éditée par

verywell

*Le % de la valeur quotidienne (VQ) indique dans quelle mesure un nutriment contenu dans une portion contribue à un régime quotidien. Nous utilisons le standard de 2000 calories par jour pour des conseils généraux en nutrition.

Pamplemousse avec Sucre	
Portions : 1	
Quantité par portion	
Calories	121
% Valeur quotidienne*	
Matière grasse totale 0.3g	0%
Graisses saturées 0.1g	0%
Cholestérol 0mg	0%
Sodium 0mg	0%
Glucides totaux 30.8g	11%
Fibres alimentaires 3.7g	13%
Sucres totaux 27.2g	
Protéine 2.1g	
Vitamine D 0mcg	0%
Calcium 40mg	3%
Fer 0mg	2%
Potassium 461mg	10%

Jus de Pamplemousse	
Portions : 2	
Quantité par portion	
Calories	40
% Valeur quotidienne*	
Matière grasse totale 0.1g	0%
Graisses saturées 0g	0%
Cholestérol 0mg	0%
Sodium 0mg	0%
Glucides totaux 10.1g	4%
Fibres alimentaires 0.8g	3%
Sucres totaux 9.3g	
Protéine 0.5g	
Vitamine D 0mcg	0%
Calcium 9mg	1%
Fer 0mg	0%
Potassium 105mg	2%

Analyse de recette
Information nutritionnelle

Recette éditée par
verywell

*Le % de la valeur quotidienne (VQ) indique dans quelle mesure un nutriment contenu dans une portion contribue à un régime quotidien. Nous utilisons le standard de 2000 calories par jour pour des conseils généraux en nutrition.

Jus d'Orange

Portions : 2	
Quantité par portion	
Calories	142
% Valeur quotidienne*	
Matière grasse totale 0.4g	0%
Graisses saturées 0.1g	0%
Cholestérol 0mg	0%
Sodium 0mg	0%
Glucides totaux 35.5g	13%
Fibres alimentaires 7.3g	26%
Sucres totaux 28.3g	
Protéine 2.8g	
Vitamine D 0mcg	0%
Calcium 121mg	9%
Fer 0mg	2%
Potassium 547mg	12%

Jus de Fruits de la Passion

Portions : 2	
Quantité par portion	
Calories	89
% Valeur quotidienne*	
Matière grasse totale 0.5g	1%
Graisses saturées 0g	0%
Cholestérol 0mg	0%
Sodium 21mg	1%
Glucides totaux 21.7g	8%
Fibres alimentaires 7.9g	28%
Sucres totaux 12.5g	
Protéine 1.7g	
Vitamine D 0mcg	0%
Calcium 9mg	1%
Fer 1mg	7%
Potassium 263mg	6%

Analyse de recette
Information nutritionnelle

*Le % de la valeur quotidienne (VQ) indique dans quelle mesure un nutriment contenu dans une portion contribue à un régime quotidien. Nous utilisons le standard de 2000 calories par jour pour des conseils généraux en nutrition.

Tartine à l'Avocat

Portions : 1

Quantité par portion

Calories	181

% Valeur quotidienne*	
Matière grasse totale 12.1g	15%
Graisses saturées 2.6g	13%
Cholestérol 0mg	0%
Sodium 153mg	7%
Glucides totaux 17.4g	6%
Fibres alimentaires 5.8g	21%
Sucres totaux 2.3g	
Protéine 4.1g	
Vitamine D 1mcg	3%
Calcium 182mg	14%
Fer 1mg	7%
Potassium 275mg	6%

Sandwich à l'Avocat (Forme de Dinosaure)

Portions 1

Quantité par portion

Calories	361

% Valeur quotidienne*	
Matière grasse totale 24.1g	31%
Graisses saturées 5.2g	26%
Cholestérol 0mg	0%
Sodium 307mg	13%
Glucides totaux 34.8g	13%
Fibres alimentaires 11.6g	42%
Sucres totaux 4.6g	
Protéine 8.2g	
Vitamine D 1mcg	5%
Calcium 364mg	28%
Fer 2mg	14%
Potassium 550mg	12%

Analyse de recette
Information nutritionnelle

Recette éditée par

verywell

*Le % de la valeur quotidienne (VQ) indique dans quelle mesure un nutriment contenu dans une portion contribue à un régime quotidien. Nous utilisons le standard de 2000 calories par jour pour des conseils généraux en nutrition.

Avoine Concassée

Portions : 2

Quantité par portion

Calories	402
% Valeur quotidienne*	
Matière grasse totale 13g	17%
Graisses saturées 6.3g	31%
Cholestérol 37mg	12%
Sodium 215mg	9%
Glucides totaux 59.1g	21%
Fibres alimentaires 8.9g	32%
Sucres totaux 25g	
Protéine 15.3g	
Vitamine D 0mcg	0%
Calcium 389mg	30%
Fer 4mg	20%
Potassium 669mg	14%

Pancakes à la Goyave avec Sirop de Goyave

Portions : 11

Quantité par portion

Calories	335
% Valeur quotidienne*	
Matière grasse totale 5.4g	7%
Graisses saturées 1.7g	9%
Cholestérol 84mg	28%
Sodium 101mg	4%
Glucides totaux 63.2g	23%
Fibres alimentaires 15.8g	57%
Sucres totaux 29.4g	
Protéine 14.7g	
Vitamine D 8mcg	39%
Calcium 134mg	10%
Fer 2mg	12%
Potassium 1185mg	25%

Analyse de recette
Information nutritionnelle

Recette éditée par

*Le % de la valeur quotidienne (VQ) indique dans quelle mesure un nutriment contenu dans une portion contribue à un régime quotidien. Nous utilisons le standard de 2000 calories par jour pour des conseils généraux en nutrition.

Pancakes à la Myrtille au Sirop de Framboise

Portions : 11	
Quantité par portion	
Calories	343
% Valeur quotidienne*	
Matière grasse totale 5.2g	7%
Graisses saturées 2g	10%
Cholestérol 89mg	30%
Sodium 227mg	10%
Glucides totaux 61.1g	22%
Fibres alimentaires 8.4g	30%
Sucres totaux 15.9g	
Protéine 17.4g	
Vitamine D 8mcg	39%
Calcium 249mg	19%
Fer 3mg	19%
Potassium 583mg	12%

Confiture/Sirop de Framboises

Portions : 4	
Quantité par portion	
Calories	73
% Valeur quotidienne*	
Matière grasse totale 0.8g	1%
Graisses saturées 0g	0%
Cholestérol 0mg	0%
Sodium 2mg	0%
Glucides totaux 16.7g	6%
Fibres alimentaires 9.2g	33%
Sucres totaux 5.6g	
Protéine 1.6g	
Vitamine D 0mcg	0%
Calcium 54mg	4%
Fer 1mg	6%
Potassium 197mg	4%

Analyse de recette
Information nutritionnelle

*Le % de la valeur quotidienne (VQ) indique dans quelle mesure un nutriment contenu dans une portion contribue à un régime quotidien. Nous utilisons le standard de 2000 calories par jour pour des conseils généraux en nutrition.

Glace à l'Eau Saveur Mangue

Portions : 4

Quantité par portion

Calories	40

% Valeur quotidienne*	
Matière grasse totale 0.3g	0%
Graisses saturées 0.1g	0%
Cholestérol 0mg	0%
Sodium 1mg	0%
Glucides totaux 9.9g	4%
Fibres alimentaires 1.1g	4%
Sucres totaux 9g	
Protéine 0.5g	
Vitamine D 0mcg	0%
Calcium 7mg	1%
Fer 0mg	1%
Potassium 111mg	2%

Oeufs Brouillés à la Tomate

Portions : 2

Quantité par portion

Calories	265

% Valeur quotidienne*	
Matière grasse totale 22.9g	29%
Graisses saturées 4.7g	24%
Cholestérol 327mg	109%
Sodium 361mg	16%
Glucides totaux 5.1g	2%
Fibres alimentaires 1.2g	4%
Sucres totaux 3.1g	
Protéine 11.8g	
Vitamine D 31mcg	154%
Calcium 58mg	4%
Fer 2mg	10%
Potassium 267mg	6%

Analyse de recette
Information nutritionnelle

*Le % de la valeur quotidienne (VQ) indique dans quelle mesure un nutriment contenu dans une portion contribue à un régime quotidien. Nous utilisons le standard de 2000 calories par jour pour des conseils généraux en nutrition.

Milk-Shake à l'Atemoya / au Corossol/ au Chérimole

Portions : 2	
Quantité par portion	
Calories	96
% Valeur quotidienne*	
Matière grasse totale 2g	3%
Graisses saturées 1.3g	6%
Cholestérol 3mg	1%
Sodium 315mg	14%
Glucides totaux 17.7g	6%
Fibres alimentaires 1.1g	4%
Sucres totaux 16.8g	
Protéine 1.1g	
Vitamine D 10mcg	50%
Calcium 39mg	3%
Fer 0mg	1%
Potassium 87mg	2%

Jus de Goyave, de kiwi et de Fraise

Portions : 2	
Quantité par portion	
Calories	182
% Valeur quotidienne*	
Matière grasse totale 0.8g	1%
Graisses saturées 0.1g	0%
Cholestérol 0mg	0%
Sodium 3mg	0%
Glucides totaux 44g	16%
Fibres alimentaires 4.9g	17%
Sucres totaux 37g	
Protéine 1.9g	
Vitamine D 0mcg	0%
Calcium 38mg	3%
Fer 1mg	4%
Potassium 418mg	9%

Analyse de recette
Information nutritionnelle

Recette éditée par
verywell

*Le % de la valeur quotidienne (VQ) indique dans quelle mesure un nutriment contenu dans une portion contribue à un régime quotidien. Nous utilisons le standard de 2000 calories par jour pour des conseils généraux en nutrition.

Jus de Pommes

Portions : 2

Quantité par portion

Calories	152
% Valeur quotidienne*	
Matière grasse totale 0.2g	0%
Graisses saturées 0g	0%
Cholestérol 0mg	0%
Sodium 1mg	0%
Glucides totaux 40.4g	15%
Fibres alimentaires 2.7g	10%
Sucres totaux 36.6g	
Protéine 0.3g	
Vitamine D 0mcg	0%
Calcium 1mg	0%
Fer 1mg	3%
Potassium 119mg	3%

Beignets de Bananes

Portions : 18

Quantité par portion

Calories	42
% Valeur quotidienne*	
Matière grasse totale 0.6g	1%
Graisses saturées 0.1g	1%
Cholestérol 0mg	0%
Sodium 136mg	6%
Glucides totaux 9.2g	3%
Fibres alimentaires 0.4g	1%
Sucres totaux 6.3g	
Protéine 0.4g	
Vitamine D 0mcg	0%
Calcium 1mg	0%
Fer 0mg	1%
Potassium 36mg	1%